RAPHAEL GUILLARD

VAINCRE SES
ANGOISSES

EN FINIR AVEC LES PEURS PANIQUES

Un sujet malheureusement très actuel, face au stress quotidien, aux agressions diverses, beaucoup de choses nous fragilisent dans la vie et dans la durée, on accumule des ondes négatives. Avec le temps, vous avez peut-être développé des phobies qui se sont accentuées dans la durée: la claustrophobie avec la peur de l'enfermement dans un train, avion, ascenseur, ou l'agoraphobie comme la peur des grands espaces, des grands magasins, de la foule. Vous vous laissez envahir, dépasser par vos émotions, et l'angoisse prend toute sa place.

Tout va trop vite aujourd'hui, et on a pas forcément le temps, l'envie et l'argent de tomber dans un carcan, à vouloir suivre une longue psychanalyse qui n'apporte pas toujours des résultats escomptés.

Moi-même, j'ai été fragilisé par des attaques de paniques dans plusieurs situations : endroit trop bruyant, trop de monde, la sensation d'enfermement et une fatigue mentale peut aussi déclencher une angoisse si notre sommeil, n'a pas été réparateur.

Au départ je prenais un tranquilisant par solution de facilité : un quart de lexomil. (uniquement sur ordonnance) mais ce n'est pas la bonne solution, car pour la suite, les effets secondaires sont lourds : endormissement, baillement, perte de concentration, sommeil trop profond durant quelques jours. En effet, si cela va endormir votre cerveau calmant l'angoisse, vous n'aurez plus de vitalité, vous serez endormi, puis vous le vivrez comme un échec, car votre journée sera gachée.

De plus en prenant le médicamment, vous allez donner de l'importance à votre angoisse, ce qui peut encore faire monter celle-ci en intensité.
La maîtrise de soi reste le moyen le plus sage plutôt que de prendre un médicament. Même si il est compréhensible de le prendre dans le cas le plus extrêmes.

Je vais vous donner mes astuces pour savoir maîtriser vos paniques envahissante afin d'éviter cela :

La peur d'avoir peur :

Par exemple on vous invite à un concert, mais au lieu d'être positif vous allez voir tout de suite le négatif en pensant à votre peur de la foule et du bruit. En fait, en partant perdant dès le départ, il est certain que vous allez vous angoisser car vous conditionnez votre cerveau à l'échec.

Vous devez garder un esprit positif :

Au lieu de vous dire que ça va mal se passer, il faut partir positif et vous dire que vous allez profitez du moment, puis en minimisant ce qui vous préoccupe, comme la peur d'etre coincé dans la foule ou le bruit qui vous déstabilise.

Il est facile de minimiser vos peurs en vous rassurant :vous pouvez toujours sortir de la salle pour souffler. En effet, il faut savoir vite s'adapter et apprivoiser l'espace où l'on se trouve. Se créer des points de repère rassurants pour votre esprit, en localisant les sorties, et les endroits tranquilles qui vont vous sécuriser dès le départ.

Le moment sur place :

Quelque soit votre situation de phobie, vous vous trouvez dans un endroit dans lequel vous n'êtes pas à l'aise et commencez à avoir avez un coup de chaud, vous sentez que la panique commence à vous envahir. C'est donc le moment de se maîtriser pour ne pas perdre le contrôle.

Je vais vous décrire les solutions que j'adoptent moi-même :

1) Dès que vous sentez cette mauvaise montée d'adréaline d'angoisse montée, il faut déjà ne pas y prêter de l'attention. En effet de donner aucune importance à votre état est la solution, pour que cette mauvaise sensation se dissipe rapidement.

Vous êtes fatigué, et votre angoisse commence à vous dépasser :

2) Il est temps de vous reconnectez avec vous-même. En effet, vous vous enfermez tout seul dans votre état et vous êtes dans votre réalité, vous devez vous reconnecter au plus vite dans la vie réelle. Pour faire partir cet état d'angoisse et passer à autre chose, et quelque soit la situation où vous vous trouvez, il faut parler de choses futiles à quelqu'un de votre entourage, ou si vous êtes seul, vous pouvez téléphoner à un ami, mais surtout pas pour confier votre angoisse. En effet c'est le meilleur moyen pour qu'elle se poursuive. Si vous êtes accompagné, parlez de ce que vous comptez faire de votre journée. Si vous êtes dans la rue, aborder la première personne que vous voyez pour vous recentrer sur l'essentiel : c'est à dire la réalité. Et comme cela, ne plus vous retournez sur vous même :

demander des renseignements : l'heure, ou bien dans quelle rue
vous vous trouvez, etc
En effet le fait de parler d'autre chose et faire comme si ne rien
n'était vous permettront de vous aider à faire passer cet état
d'angoisse. En effet, en agissant de la sorte, vous extériorisez votre
mal être en parlant d'autre chose, plutôt que d'intérioriser votre
angoisse qui stagne en vous, en restant dans votre silence et votre
souffrance.

La concentration :

votre panique commence à vous dépasser, il est temps de souffler et écouter votre respiration, vous avez peur de mourir. Pourtant vous savez très bien inconsciemment que c 'est impossible.

À ce moment- là visualiser le pire face à votre situation peut vous aider à relativiser. En effet vous êtes dans un endroit où la foule, dans lequel l'espace vous angoisse, et à ce moment là, vous n'avez qu'une seule idée en tête, vous n'avez qu'une envie : rentrer au plus vite à votre domicile car vous vous sentez en danger. Mais imaginez vous chez vous handicapé sans jambe, bloquer sur votre fauteuil roulant sans jamais sortir.

En visualisant votre situation angoissée et mettre en parallèle cette vision de vous même handicapé chez vous, vous allez encore relativiser votre état d'angoisse et vous trouver ridicule à paniquer sans aucune raison valable. Cette pensée peut vous permettre de vous raisonner psychologiquement assez rapidement. Posez vous cette question dans votre cerveau à ce moment-là : je veux vivre et bouger, ou rester enfermé chez moi ?

Autre visualisation :

Plus votre angoisse monte, et plus vous allez penser au pire pour votre vie. Mais je préconise de combattre le mal par le mal pour vous faire du bien. Si la panique vous envahi, alors il faut penser encore pire que votre situation actuelle. Pour cela, il faut d'abord remettre les choses en place, en situant votre situation actuelle qui vous angoisse : vous êtes en voiture, dans un grand magasin, dans la foule, peu importe l'endroit qui vous stress. Le but est de comparer l'endroit où vous êtes à un endroit effrayant : imaginez-vous dans un manège à sensations comme le grand huit dans une fête foraine. La machine reste bloquée. Vous avez la tête en bas, vous attendez les secours.

En vous conçentrant très fortement sur cette visualisation qui peut être bien réelle pour certains, vous allez vite vous trouver ridicule dans votre situation actuelle et vous ressaisir, car vous allez vite retrouver votre conscience, en vous rendant vite compte que vous ne vous trouvez pas en danger dans votre situation.

Au lieu de vous concentrer sur le négatif qui vous angoisse (le grand espace, la foule etc) concentrez-vous sur ce que vous aimez, à ce que vous allez-faire, ou vos projets. D'ailleurs si vous êtes dans un grand magasin, donc interessez vous à vos futurs achats. Vous pouvez même aborder un vendeur pour un renseignement sur un article (toujours pour détourner la situation de panique) Si cela ne fonctionne pas, vous changez alors de sujet radicalement : par exemple, vous pouvez vous servir de votre téléphone portable et vous concentrez sur autre chose : envoyer des textos, voir vos mails, regarder une application, une manière pour détourner votre attention de cette angoisse, et la baisser en intensité jusqu'à ce qu'elle disparaisse progressivement.

Détournement de l'attention face à la peur :

Apprenez à avoir du recul et prendre de la distance dans votre situation où vous savez que l'angoisse peut se reproduire.

C'est d'ailleurs ce que donne l'effet d'un tranquilisant : le recul nécessaire. Vous pouvez atteindre cet état psychologique sans prendre de calmant.

Pour cela, il ne faut pas se focaliser sur un ressenti.
En effet, éprouver trop fortement une mauvaise sensation, en entraine une autre et ainsi de suite, puis au final c'est l'angoisse qui l'emporte. Il ne faut pas tomber dans ce cercle vicieux psychologique malsain.

Par exemple, quand la peur vous envahie : vous êtes mal, vous avez un coup de chaud brutal, et cette transpiration soudaine vous énerve. Elle vous inçite donc à penser que vous n'allez pas géré cette angoisse qui monte. Il suffit encore de relativiser et se dire: oui j'ai chaud et alors ? c'est grave ? Non il y a bien plus grave que ça ! Prenez toujours du recul face à vos ressentis.

Vous avez vécu une peur panique dans une certaine situation (peu importe laquelle) et à cette même situation qui se représente, vous anticipez que cela puisse se reproduire. Le fait d'anticiper et même d'y penser, vous multipliez les risques que cela se reproduise. Vous provoquez vous même la peur. C'est vous qui décidez si vous voulez être bien, et vous le savez. N'oubliez donc pas que tout est psychologique. Les mauvaises sensations du corps, la transpiration, le cœur qui bat très vite etc : c'est vos mauvaises pensées qui produisent tout cela. Les pensées positives doivent vous accompagner en tout lieux, pour rester zen.

Pour cela, faire une auto-suggestion positive en envoyant un message à votre cerveau. Fermer les yeux, et persuadez-vous que vous êtes plus fort que ça, et que vous n'allez pas vous laisser allez pour des choses futiles que tout le monde font : comme bouger en voiture, prendre le train etc (la chose qui vous angoisse que je ne peux pas connaître) en effet, en vous comparant aux autres, cela peut vous remettre sur les rails rapidement.

Vous pouvez si vous êtes croyant vous réfugier dans la prière. D'ailleurs entrer dans une église peut vous reposer l'esprit si vous êtes très angoissé. C'est un lieu qui inçite au calme, au silence, et à la méditation. D'ailleurs, lorsque l'angoisse est enclanchée il faut se réfugier dans un endroit non bruyant afin que l'esprit se détende. Un endroit bruyant ne peux qu'accentuer l'angoisse, et je sais de quoi je parle !

Mes expériences personnelles :

Je me trouvais dans un bus et mes pensées commençaient à s'embrouiller. J'ai alors senti une angoisse sous-jacente. Afin d'éviter qu'elle monte en intensité, je me suis alors concentré sur la musique que j'écoutai dans mon baladeur, en montant le son d'un coup, comme pour me provoquer un électrochoc. Je le répète : il faut toujours savoir se détourner l'attention par autre chose : musique, parler, se concentrer sur un autre sujet que sa propre angoisse qui arrive, et n'est d'ailleurs pas un sujet intéressant à approfondir ! Essayer d'avoir un cerveau créatif, même si c'est difficile à ce moment là. Ensuite, après cette situation de maîtrise, et l'angoisse redescendue, on est content de soi-même. On gagne beaucoup en assurance. Je me souviens à l'époque avoir été content d'avoir géré cela, et d'avoir pu passer ma journée normalement. À l'inverse, si la panique m'avait dominé, j'aurais pu prendre le bus en sens inverse, rentrer chez moi et je n'aurais donc pas pu faire ce que je voulais au départ, la journée aurait été gachée.

Plus jeune, à l'âge de 15 ans, j'attendais mon bus. mais l'attente était longue. Je m'ennuyais, je ne savais pas à quoi penser et je commençai à me stresser tout seul par tout le bruit de la circulation. Je sentis donc que la peur panique pouvait se déclencher. J'ai donc là encore détourné l'attention en ouvrant mon cartable et regarder mes affaires. En parcourant mes classeurs, je vivais dans le concret, être dans l'action reste la meilleure solution pour se détourner d'une mauvaise pensée qui doit rester passagère. Ne jamais laisser une mauvaise pensée prendre toute la place dans votre cerveau. Il faut toujours savoir revenir au réel, penser à des choses matérielles plutôt qu'à des choses abstraites.

Conclusion :

J'éspère que mes conseils vous serviront en cas de rechute.
Vivez ce que vous avez envie de vivre, ne vous privez surtout pas.
La vie est trop courte pour se la gacher. Ne soyez pas masochistes.

Penser à ce que vous faites dans l'instant sans laisser votre cerveau
se balader dans des sujets négatifs qui n'apportent rien dans le
présent: (la mort, la peur, des mauvais souvenirs etc)
Il est sûr que pour être bien partout, il faut accepter de mourir un
jour.

Laisser vos mauvaises expériences de peurs paniques derrière
vous.
Soyez dans la réalité des choses et de la vie, notre cerveau est fait
pour cela, et non pour broyer du noir qui peut créer des
conséquences dans notre corps. C'est pour cela que cette phrase
prend tout son sens: un esprit sain dans un corps sain.